D0933706

Abecedario

a mano

LOS ESPECIALES DE
A la orilla del viento

FONDO DE CULTURA ECONÓMICA

ABECEDARIO
a mano

ISOL

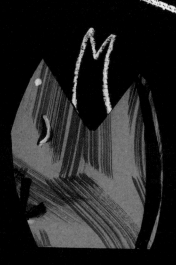

FONDO
DE CULTURA
ECONÓMICA

HOY QUIERO
ASUSTAR

aAaA

b B b B

¡BUENOS DÍAS!

c C c C

LA
COSECHA

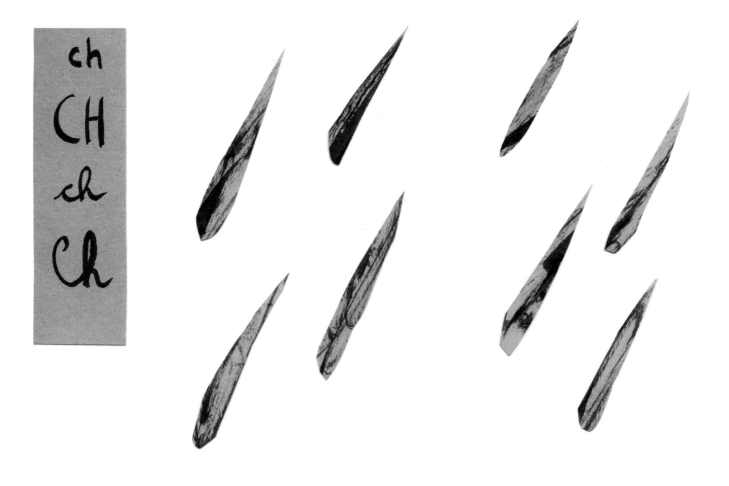

ch
CH
ch
Ch

CHUBASCO

AÚN

DESPIERTO

TE ESPERO

GRACIAS

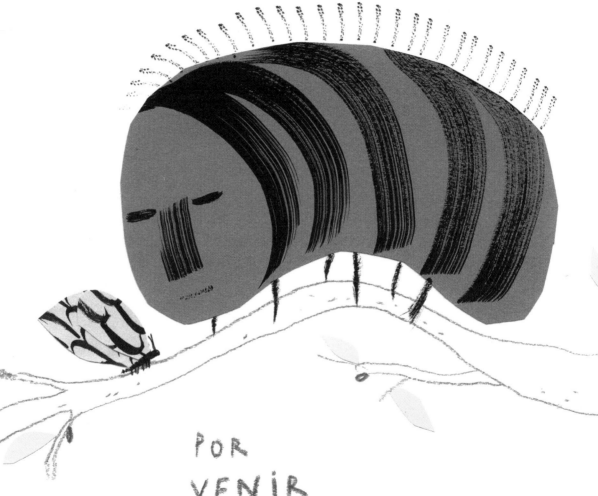

POR
VENIR

g
G
g
G

ESTÁ BIEN, NO ME HABLES

UNA CIERTA INQUIETUD

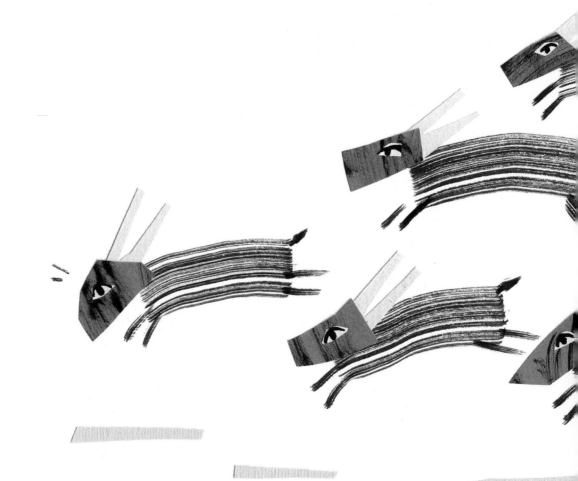

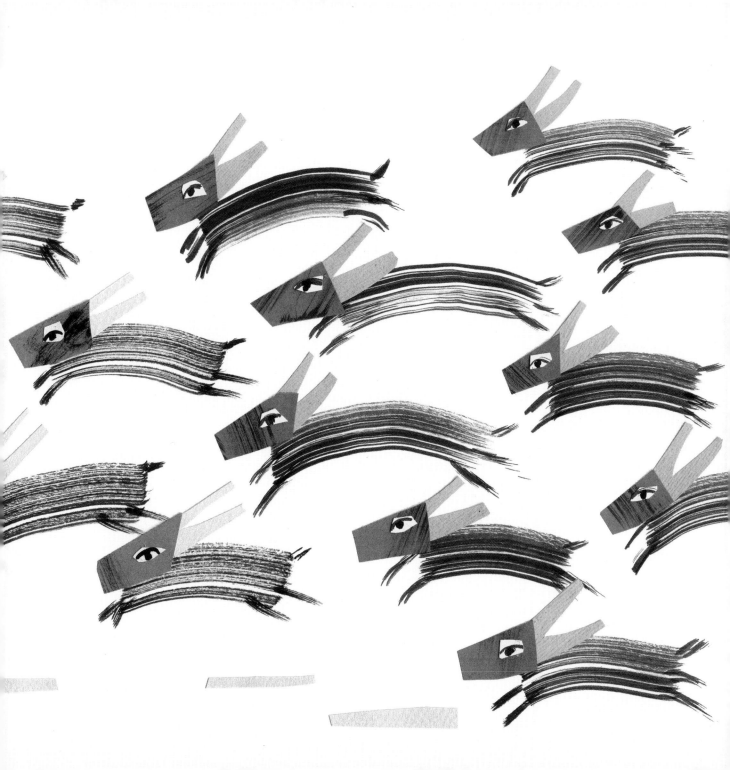

JUSTO
TE
BUSCABA

k
K
k
K

OTRA VEZ
EL KIWI

ILLL

EL
NIÑO-
LOBO

LLEGUÉ

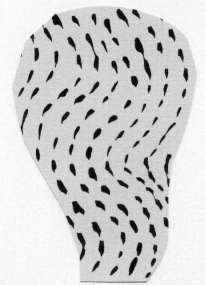

ALMA
MANSA

m
M
m
m

NUNCA ME TEMAS

n
N
n
ñ

Ñ ñ

NO SEAS
ÑOÑO

ORGULLO

P
P
p
P

UN PENSAMIENTO

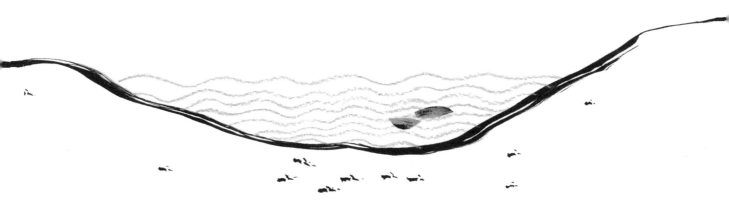

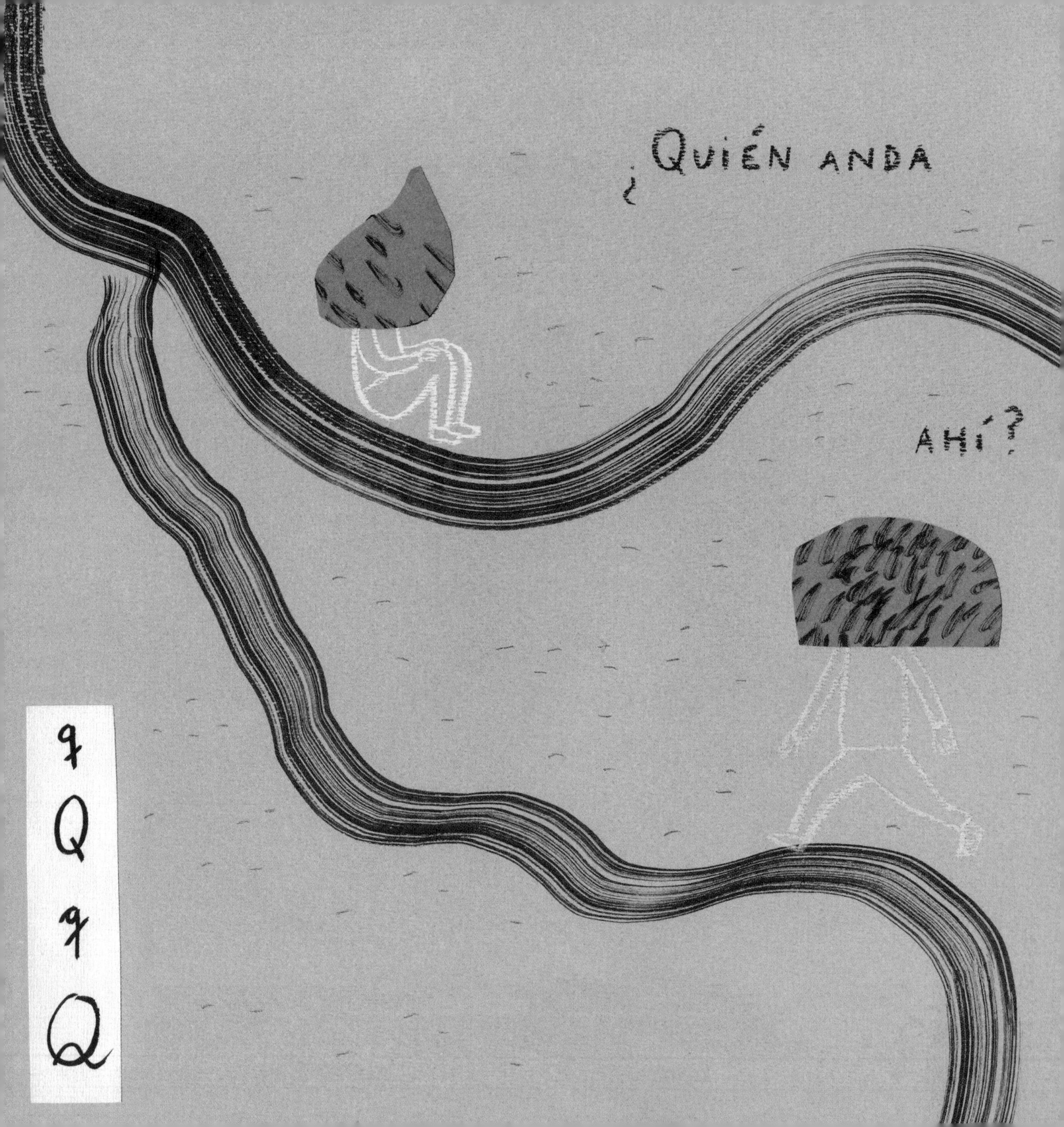
¿QUIÉN ANDA
AHÍ?
q Q q Q

AHORA

r
R
r
R

RECUERDO

SÓLO
UN PASITO
MÁS

DALE
TIEMPO

十 丁 大 乇

¿VAMOS?

¡Wow!

Y
Y
y
y

YO
TAMBIÉN

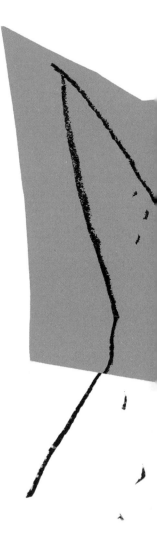

Primera edición, 2015

Isol
    Abecedario a mano / Isol. — México : 2015
    [52] p. : ilus. ; 20.5 x 20.5 cm — (Colec. Los
Especiales de A la Orilla del Viento)
    ISBN: 978-607-16-2923-4

    1. Literatura infantil I. Ser. II. t.

LC PZ7   Dewey 808.068 I677a

Distribución mundial

© 2015, Isol

D. R. © 2015, Fondo de Cultura Económica
Carretera Picacho Ajusco 227, Bosques
del Pedregal, C. P. 14738, México, D. F.
www.fondodeculturaeconomica.com
Empresa certificada ISO 9001:2008

Colección dirigida por Socorro Venegas
Edición: Angélica Antonio Monroy
Formación: Miguel Venegas Geffroy

Comentarios y sugerencias:
librosparaninos@fondodeculturaeconomica.com
Tel.: (55)5449-1871. Fax: (55)5449-1873

ISBN 978-607-16-2923-4

Se terminó de imprimir y encuadernar en octubre de 2015.
El tiraje fue de 15 000 ejemplares.

Impreso en China · Printed in China

Este libro es un abecedario
caprichoso, un juego. Si miramos las
letras, más allá de lo que dicen, veremos que son
pequeños dibujos. Y puede ser muy divertido dibujar
las letras sin pensar en nada más que en su forma y en
el modo de mover la mano.

Del juego de dibujar letras surgió este libro: primero tracé cada letra
con el pincel, como lo aprendí en la escuela —en redondas, cursivas,
mayúsculas y minúsculas—, luego inventé una imagen que
las acompañara y al final pensé en una palabra que las uniera, a la letra
y al dibujo. ¡Las palabras son muy buenas como pegamento!

El desafío fue entonces inventar una imagen y una frase para cada letra, pero
al llegar a la "w" apareció en mi cabeza la expresión ¡Wow!, que viene del
inglés y se usa en muchas historietas para representar asombro. Como es mi
abecedario personal, la dejé así —¡además, no se me ocurrió ninguna palabra
en español con esa letra!—.

¡Pero las letras también son sonidos! Por eso incluí la "ch" y la "ll", no sólo
porque de niña me las enseñaron como parte del abecedario, sino porque
lo cierto es que tienen un sonido muy diferente de las demás.

Ahora cuando recorro las páginas de este abecedario veo que las
letras se amigaron con las imágenes como si se conocieran
desde siempre. Tal vez sólo esperaban que yo las dibujara
para ponerse a charlar, unas reflejadas en las otras.